27
In. 10721.

ABRÉGÉ

DE LA

VIE DU BIENHEUREUX

BENOIT-JOSEPH LABRE

PÈLERIN FRANÇAIS.

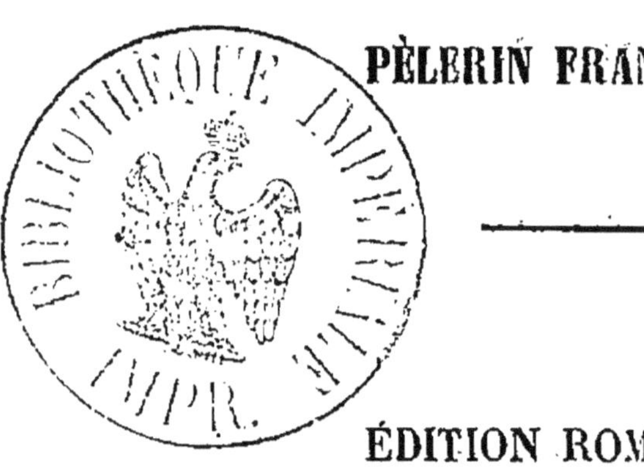

ÉDITION ROMAINE

AU PROFIT DU SANCTUAIRE D'AMETTES.

ARRAS

TYPOGRAPHIE ROUSSEAU-LEROY, ÉDITEUR.

—

1860

Le triduum que la ville d'Arras se propose de célébrer en l'honneur du Bienheureux, commencera le 15 juillet prochain. Un grand nombre d'Évêques ont promis d'honorer de leur présence la procession qui sera présidée par Mgr Gousset, Cardinal-Archevêque de Reims. Les discours seront prononcés par Mgr de Bonnechose, Archevêque de Rouen ; Mgr Pie, Évêque de Poitiers, et Mgr Plantier, Évêque de Nîmes.

Amettes aura sa fête le 19. Plusieurs des vénérables Prélats voudront sans doute visiter à cette occasion la maison où est né le Bienheureux, et l'église où il a été baptisé et où il a reçu ses premières grâces.

P.-L., Évêque d'Arras.

de Boulogne et de Saint-Omer.

ABRÉGÉ DE LA VIE

DU BIENHEUREUX

BENOIT-JOSEPH LABRE.

Benoît-Joseph Labre naquit le 26 mars 1748, dans le petit village d'Amettes, au diocèse de Boulogne, actuellement d'Arras, en France. Ce héros chrétien fut le premier de quinze enfants qu'eurent les époux Jean-Baptiste Labre et Anne-Barbe Grandsir. Ils étaient trés-pieux et d'une condition honnête et aisée. Ils s'occupèrent avec empressement de la bonne éducation de leur fils. A l'âge de cinq ans on l'envoya aux écoles; il eut le bonheur d'avoir pour maîtres des hommes sages et vertueux. Il faisait beaucoup de progrès dans les lettres et plus encore dans la piété, en remplissant exactement tous les devoirs de son âge. A douze ans, ses parents, pour lui faire apprendre la langue latine, l'envoyèrent chez le curé d'Erin, qui était son oncle et son parrain : c'était un homme doué d'excellentes qualités. Voyant dans son neveu des mœurs angéliques et un naturel docile, affable et incliné à la vertu, il songea à le disposer à la première communion. Le jeune Joseph s'y prépara par des méditations, des mortifications et des prières; et après avoir fait avec une vive douleur sa confession générale, il reçut le Fils de Dieu dans le sacrement de l'Eucharistie, le 5 septembre 1761. On peut dire que, depuis ce jour, il reproduisit l'image de Jésus-Christ dans sa vie admirable, en foulant aux pieds toutes les choses temporelles, ne se préoccupant même pas de la nourriture matérielle nécessaire à tout le monde. Toutes ses délices étaient d'observer rigoureusement les abstinences et les jeûnes prescrits par l'Eglise, et de se retirer dans les endroits les plus reculés de la maison de son oncle pour s'y livrer à la méditation et à la lecture des saints Livres. L'auteur que le jeune Joseph préfera, et qu'il avait toujours entre les mains, était le célèbre P. Jean Lejeune, appelé *l'Aveugle*. Les grandes vérités du petit nombre des élus et des tourments de l'enfer, pénétrèrent profondément dans son esprit, et il résolut de tout faire, de tout surmonter pour éviter les

peines éternelles et être admis parmi les Bienheureux.
Alors il embrassa une vie plus austère : il se priva des
plus simples soulagements. En hiver, il ne se servait jamais de feu ; il dormait bien souvent sur la dure ; il adres-
sait jour et nuit des prières ferventes à Dieu pour connaître sa vocation. Comme il avait du penchant pour une
vie pénitente et solitaire, il s'empressa d'examiner quelques instituts religieux ; mais aucun ne remplissait ses
vues, tout rigoureux qu'ils étaient. Les austérités qu'on
y pratiquait lui paraissaient des douceurs. Enfin, il tourna
toutes ses pensées vers la solitude silencieuse, l'austérité
et l'exacte observance de la Trappe, et il résolut de faire
tous ses efforts pour obtenir de ses parents la permission
d'y entrer. A cet effet, il prit congé de son oncle en lui
découvrant sa résolution, et s'en retourna à la maison
paternelle. Il était alors âgé de 16 ans. Il supplia ses parents de vouloir accéder à ses désirs, mais ce fut en vain.
Ceux-ci, par un sentiment d'amour pour leur fils, s'y opposèrent de toute leur force. Le bienheureux jeune
homme, s'étant résigné aux dispositions divines, retourna
à Erin, chez son oncle, où il s'appliqua de plus en plus
à la mortification, aux austérités, à l'étude de la sainte
Ecriture, à la fréquentation des Sacrements, édifiant tout
le monde par sa piété, par sa modestie, par sa charité
envers les pauvres et par son recueillement. Deux ans et
demi après, le curé d'Erin, qui assistait ses paroissiens
frappés d'une cruelle épidémie, mourut dans l'exercice de
sa charité. Dans cette triste occasion, le jeune Joseph
parut le digne émule de son oncle. Jour et nuit, il n'avait
pas un moment de repos ; il négligeait le soin de sa propre
vie pour prodiguer aux malades les secours et les conso-
lations. Il alla jusqu'à se faire valet d'écurie, afin de garder les bestiaux des pauvres paysans qui étaient hors
d'état de les garder eux-mêmes. Pour donner à manger
à ces animaux, il chargeait ses épaules de l'herbe qu'il ra-
massait lui-même dans les champs.

Joseph fut contraint par la mort de son oncle de retourner à la maison paternelle ; il avait alors 18 ans. Il
demanda de nouveau la permission d'entrer à la Trappe,
mais il trouva la même opposition qu'auparavant. Sa
mère, qui l'aimait beaucoup, pour l'empêcher de la quitter, lui dit : *Mon fils, si tu vas loin de nous, tu n'auras
peut-être pas un jour de quoi vivre ; et alors, que feras-tu ?*
Benoît lui répondit : *Laissez-moi partir, ma mère ; je vi-
vrai de racines et d'herbes comme les anachorètes ; avec la*

grâce de Dieu nous pouvons vivre comme eux. Cependant les parents de Joseph persistant toujours dans leur refus, l'envoyèrent chez son oncle maternel, vicaire à Conteville, afin de continuer ses études. Benoît obéit malgré lui. M. Vincent admirant les belles vertus de son neveu, lui permit de suivre quelques missionnaires qui prêchaient dans trois paroisses voisines et qui, voyant la vie pénitente du pieux jeune homme, approuvèrent le désir qu'il leur avait manifesté, de se retirer chez les Trappistes. A cet effet, son oncle s'étant interposé auprès de ses parents pour en obtenir la permission, ils donnèrent enfin leur consentement. Benoît se rendit immédiatement à la Trappe ; mais on lui dit qu'il ne pouvait être admis, eu égard à son âge et sa frêle santé. Extrêmement affligé de cette réponse, il retourna à Amettes, à jeûn, transi de froid, avec les habits déchirés, de sorte qu'il excita la compassion de tout le monde, et surtout de ses parents, chez lesquels il demeura encore quelques mois, et ensuite il leur renouvela la demande de retourner à la Trappe. Ils s'y opposèrent encore une fois, et lui permirent plutôt de se faire Charteux. Alors Benoît se rendit à la Chartreuse de Neuville, mais il ne fut pas reçu, parce qu'il ne savait ni le plain-chant, ni la dialectique. Il apprit donc ces sciences sous la direction de M. Jacques Dufour, vicaire de Ligni, et ensuite il se rendit une seconde fois à la Chartreuse de Neuville, où il fut reçu. Avant d'en partir, sa mère ayant mis au monde un autre enfant, Benoît céda aux instances qu'on lui avait faites de le tenir sur les fonts baptismaux, et lui donna le nom d'Augustin. Enfin, il prit congé de ses parents, il les remercia de toutes les peines qu'il leur avait causées, demanda humblement leur bénédiction, et partit en disant qu'ils se reverraient dans la vallée de Josaphat.

Rentré à Neuville, après six semaines d'épreuve il se vit obligé d'en sortir, Dieu voulant le donner en spectacle au siècle comme un modèle d'austérité. Il s'arrêta peu de temps à Montreuil, d'où il écrivit une lettre à ses parents, en les informant de tout ce qui lui était arrivé, et en leur disant qu'il avait l'intention de retourner à la Trappe ; ce qu'il fit immédiatement, mais sans aucun succès. Alors le pauvre jeune homme plongé dans la tristesse, résolut de se rendre au monastère de Sept-Fonts de l'ordre Cistercien. Il y fut accueilli et y reçut l'habit sous le nom de frère Urbain, le 11 novembre 1769. Mais Dieu, qui ne le voulait pas dans le cloître, permit qu'il fût assailli par de cruelles maladies à l'occasion desquelles les médecins jugèrent que cet institut ne lui convenait pas. Il fut donc obligé de le quitter. Les inquiétudes dont son esprit était rempli, et sa mauvaise santé l'avaient réduit presque à l'état d'un squelette; et au milieu des larmes et des soupirs qu'il poussait du fond de son cœur en se voyant dans une position aussi incertaine, il criait souvent : *Fiat voluntas Dei* (que la volonté de Dieu soit faite). Cependant le père abbé lui permit de rester dans l'hospice de la maison jusqu'à ce qu'il eût recouvré sa santé. Tout le monde le regardait comme saint, à cause des belles vertus qu'il pratiquait. A la fin de juillet 1770, il quitta l'hospice où, au milieu des charités qu'il avait prodiguées aux autres malades, au milieu de ses pratiques de piété et de mortifications, il eut une vision céleste qui lui fit connaître le chemin qu'il devait suivre comme pauvre pèlerin dans cette vie misérable pour gagner la bienheureuse éternité.

Il soumit son dessein à un père spirituel qui y donna sa pleine approbation, et il entreprit bientôt la vie de pèlerin. A l'âge de 22 ans, il arriva à Quiers dans le Piémont, et il écrivit à ses parents pour la dernière fois le 31 août 1770, en leur faisant ses derniers adieux.

Avant de faire mention de ses nombreux pèlerinages, dans lesquels il parcourut environ 15,000 milles, je dirai de quelle manière il les faisait. Il allait à pied, revêtu d'un habit misérable et déchiré, qu'il portait dans toutes les saisons, un crucifix sur la poitrine, un chapelet à la main, un autre au cou, et un sac sur les épaules dans lequel, par esprit de pénitence, il mettait quelquefois de lourdes pierres. Il ne faisait aucune provision; il ne prenait pas souci des temps pluvieux, froids, neigeux ni des grandes chaleurs de l'été. Il laissait les chemins fréquentés et choisissait les sentiers solitaires. Il traversait des fossés, des montagnes, des lieux escarpés et creusés par les pluies. Content de son Dieu qui le guidait, il refusait toujours les compagnies. La nuit, il ne se retirait jamais dans les hôtelleries : il dormait sur la dure, et souvent en plein air.

Le premier sanctuaire vers lequel il porta ses pas fut la sainte Maison de Lorette; il y arriva au commencement de novembre 1770. Le 18 du même mois, il se rendit à Assise pour vénérer le tombeau du patriarche saint François. Ensuite il s'achemina vers la ville de Rome, où il arriva le 3 décembre de la même année. Il visita aussitôt les célèbres sanctuaires qu'elle renferme. Il passait le jour dans les églises, et la nuit il allait se réfugier sous quelque portique. Dans le mois de mai 1771, il retourna à Lorette, et il visita aussi à Fabriano le corps de saint Romuald, abbé. Sa dévotion le faisait tellement remarquer qu'un grand nombre de personnes de cette ville le regardèrent comme un saint ; et avant de partir il témoigna sa gratitude en donnant aux personnes qui lui avaient rendu quelque service, la prière en latin qui se trouve au commencement de cet abrégé ; et il assurait que les maisons de ceux qui la réciteraient dévotement, seraient préservées des ruines des tremblements de terre. En effet on en fit l'heureuse expérience.

Après avoir visité de nouveau le sanctuaire de Lorette, il suivit la côte de l'Adriatique et entra dans le royaume de Naples. Il visita plusieurs sanctuaires, et notamment le tombeau de saint Nicolas à Bari, et celui de saint Janvier à Naples. Ensuite il arriva à Rome le 17 mars 1772, et après avoir visité de nouveau les églises de cette ville, il se rendit à Lorette pour la troisième fois afin d'y contempler la sainte Maison. Puis, ses pèlerinages furent longs et pénibles. Il se rendit aux sanctuaires de la Toscane, et spécialement au saint Mont de l'Alvernia ; il alla aussi en France, mais sans s'approcher de son pays. Il porta ses pas vers l'Espagne pour visiter Notre-Dame de Monserrat, la grotte de Manrèse, saint Jacques de Compostelle, et d'autres lieux saints. En repassant ensuite par la France, il vint en Italie, et après avoir visité à Lorette la sainte Maison de Marie, dont il était l'enfant tout affectionné, il arriva à Rome au mois d'avril 1774. Au mois de septembre il quitta cette ville pour faire d'autres voyages de dévotion. Il retourna à Lorette, traversa la Toscane, l'Émilie, et de là parcourut l'Allemagne et la Suisse, où il visita le célèbre sanctuaire de la sainte Vierge d'Einsidlen.

En septembre 1775, il se trouvait à Rome pour gagner l'indulgence du jubilé, et il en partit au commencement de 1776. Après avoir offert ses hommages à Notre-Dame de Lorette, il visita de nouveau en Suisse Notre-Dame des Ermites à Einsidlen, et de retour à Rome en 1777, il ne sortit plus de l'Italie. Il parcourut ses sanctuaires, et annuellement celui de Lorette. Dans tous ces pénibles pèlerinages, Benoît ne changea jamais rien à son genre de vie austère et pénitente. Il souffrait bien souvent, et avec une patience inaltérable, les persécutions, les insultes, les coups, les injures de la populace, et les titres infâmes de

voleur, de fourbe, de vagabond, d'hypocrite et d'impos-
teur. Voilà comment le monde traite toujours les véritables
serviteurs de Dieu ! Durant un de ses voyages à Lorette,
on le vit tomber de faim dans la campagne, et il fut se-
couru par un voyagenr qui en eut pitié. Un autre jour, à
l'entrée de la nuit, il se trouva mouillé des pieds à la tête
par une grosse pluie ; un paysan en fut touché de compassion et il le recueillit dans une pauvre étable. A Lorette,
il dormait sur le pavé de marbre de la basilique avant
que des personnes charitables lui eussent offert un refuge. On peut imaginer par cela seul combien il devait
souffrir ; néanmoins on le voyait toujours gai et content,
parce que Dieu était toujours avec lui. Aussitôt qu'il arri-
vait dans quelque sanctuaire, il ne songeait qu'à s'approcher des Sacrements et à prier dans les églises où il passait toute la journée à jeûn ; et tout le monde en était
édifié. Il faisait de même à Rome, pendant les six dernières
années de sa vie. Le matin, il allait dans quelques églises
et ordinairement à la *Madonna de Monti* où il priait longtemps. A midi, il se rendait dans les couvents pour avoir
un peu de soupe par charité ; encore n'y allait-il que quand
il n'avait pas même un morceau de pain. Ensuite, il allait
prier dans d'autres églises, le plus souvent là où l'on faisait l'adoration des Quarante Heures. Il récitait chaque jour
l'office divin, toujours ravi dans des contemplations célestes. La nuit, pour prendre un court et pénible repos,
il allait tantôt se coucher sous quelque portique, tantôt il
restait à decouvert ; quelquefois il se retirait dans une
niche au Quirinal, ou dans une autre niche au Colisée,
derrière la cinquième station du chemin de la Croix. Ce
ne fut que pendant les deux dernières années de sa vie
que, pour obéir à son confesseur, il accepta un lieu de
refuge pour la nuit dans un hospice de charité pour les
pauvres ; mais il ne se mettait presque jamais au lit, se
contentant seulement d'appuyer sa tête sur un misérable
coussin. Les haillons dont il était revêtu étaient remplis
d'insectes qui lui donnaient jour et nuit un tourment qu'on
ne saurait décrire : c'était comme un martyre continuel ;
et quoiqu'il pût s'en débarrasser, il voulut en souffrir toute
sa vie par amour pour Jésus crucifié. Tous ceux qui le
voyaient dans les églises et dans les rues, étaient édifiés et
émus, et ils le regardaient comme un saint. Cependant sa
vie si austère et si pénible ne pouvait durer longtemps.
En effet, en 1783, après avoir observé le Carême avec une
abstinence extraordinaire, car il le passa en ne mangeant

que des herbes jetées dans les rues, des restes de choux,
des écorces d'oranges qu'on avait jetées dans le fumier; le
mercredi saint (16 avril) il se rendit à l'église de sainte
Marie de' Monti, et, après avoir entendu plusieurs messes
et consacré beaucoup de temps à la prière, il en sortit si
exténué et si faible qu'il pouvait à peine se tenir debout,
de sorte qu'il tomba en défaillance sur les marches de
cette église. Un boucher voisin, nommé François Zacca-
relli, qui admirait la sainteté de Joseph, et qui était son
bienfaiteur, le transporta dans sa maison. Les médecins qui
le virent, déclarèrent qu'il était aux portes de la mort.
Comme il ne pouvait communier, on lui administra l'Ex-
trême-Onction. Vers la première heure de la nuit, lorsque
les assistants récitant à son chevet les litanies de la sainte
Vierge, furent arrivés aux mots *Sancta Maria, ora pro eo,*
le bon Joseph expira paisiblement. Il avait vécu 35 ans et
21 jours. A la mort de ce pauvre pèlerin, Dieu voulut re-
nouveler les miracles qu'il avait opérés à la mort de saint
Alexis, pour faire entendre au monde fou et délicat combien il aime la vie pénitente et obscure de ses fidèles serviteurs. A peine eut-il expiré qu'on sonna à toute volée,
ainsi que le saint l'avait prédit, toutes les cloches des églises
de Rome, quoiqu'on les sonnât pour une autre raison,
c'est-à-dire pour inviter les fidèles à la récitation d'une
prière prescrite par le pontife Pie VI. Ensuite, les enfants
commencèrent à crier par les rues de Rome : *Le Saint est
mort ! Le Saint est mort !* et ils répétèrent ces cris le lendemain. Un sentiment de dévotion s'empara de presque
tous les habitans de la ville. Tout le monde courait en
foule dans cette maison, pour voir le cadavre d'un misérable mendiant, d'un pauvre pèlerin, d'un homme méconnu
que tout le monde avait méprisé. Chacun se pressait d'ac-
courir pour avoir une parcelle des haillons dont il était revêtu pendant sa vie. Tous étaient émus et édifiés à la vue
de ce corps inanimé. La foule de ces dévots se composait
non seulement d'hommes du peuple, mais encore de personnes de qualité, princes, nobles et prélats. Mais le plus
grand triomphe de notre Bienheureux eut lieu le jour
suivant, lorsqu'on porta son corps dans l'église de sainte
Marie de' Monti. Les rues par où le convoi devait passer,
ainsi que l'église, étaient remplies de monde; et pour satis-
faire aux désirs de tous, il fallut l'y garder quatre jours de
suite avec l'intervention de la force armée pour réprimer
et contenir l'immense population qui y accourait. Après sa
sépulture, la même dévotion continua toujours. Les Ro-

mains et les étrangers de toutes parts n'ont jamais cessé de vénérer le tombeau de ce Bienheureux, à cause de sa glorieuse réputation de sainteté qui se répandait partout.

Le Bienheureux Benoît-Joseph Labre était d'une taille moyenne, d'une constitution forte et robuste. Il avait la tête un peu grosse, une physionomie aimable, un teint délicat, les cheveux blonds, les yeux bleu azuré. Ses manières étaient polies. Il avait une modestie si singulière et un visage si angélique, qu'il excitait la dévotion de ceux qui le contemplaient.

Dieu opéra un grand nombre de miracles par l'intercession de notre Bienheureeux, tant pendant sa vie qu'après sa mort. Il serait long de faire le dénombrement des aveugles qui ont recouvré la vue, des muets qui ont recouvré la parole, des maladies chroniques guéries tout à coup et d'autres langueurs et infirmités, telles que gangrènes, fistules, hernies, squirres, anévrismes, épilepsies, rachitis, consomptions, apoplexies, apostèmes, ulcères, scorbuts, rhumes, plaies, scrofules, sciatiques, luxations, et autres semblables. Voilà une courte nomenclature des maladies miraculeusement guéries, et encore sur des sujets qui en étaient atteints depuis longues années, savoir 14, 18, 30 ans, et même depuis leur naissance ; comme en sont demeurées convaincues des personnes très-éclairées après un examen critique des plus sérieux. On est surpris encore du grand nombre de lieux où ont éclaté semblables prodiges, qui, dès les premières années de la mort du Bienheureux, s'élevèrent à 170.

Pour abréger, nous nous contenterons de raconter les trois miracles approuvés par le Souverain Pontife régnant Pie IX, pour lesquels a été décrétée cette béatification solennelle.

— 1° Marie-Rose de Luca, de Mazzano au diocèse de Nepi, à 24 milles de Rome, fut atteinte de phtisie dès l'âge de 15 ans. Tous les remèdes dont on essaya pour la guérir furent inutiles, et déjà les médecins l'avaient condamnée, quand elle eut une image du Bienheureux Joseph, auquel elle se recommanda avec ferveur. Ensuite, malgré l'avis des médecins et de ses amis, elle voulut qu'on la conduisît à Rome pour visiter le tombeau de ce Bienheureux. Elle y arriva en effet, mais en si mauvais état, qu'elle ressemblait à un cadavre. Après avoir satisfait à ses désirs, elle s'en retourna dans l'auberge, et ayant appliqué à sa poitrine l'image du Bienheureux, elle s'endormit paisiblement : à son réveil, tout le monde fut saisi d'étonnement de la voir parfaitement guérie, de sorte qu'elle put aller, sans le secours d'autrui, remercier son bienfaiteur et ensuite s'en retourner dans sa patrie. — 2º Thérèse Tartufoli, de Civitanova au diocèse de Fermo, à la suite d'une opération chirurgicale, eut à souffrir d'une fistule au cou qui, s'agrandissant toujours, atteignit deux anneaux de la trachée-artère. Comme elle éprouvait des douleurs atroces et continuelles, on l'exhorta de prier le serviteur de Dieu Benoît-Joseph Labre. Elle en prit l'image, lui adressa des prières ferventes pour qu'il lui obtînt la guérison, et peu après elle s'endormit. Elle se réveilla le lendemain, et, ô prodige ! elle se trouva parfaitement guérie. — 3º Thérèse de Saint-Léo dans le Monte Feltro, qui à l'âge de 9 ans avait donné en aumône un pain au pauvre pèlerin Benoît, s'étant faite religieuse, fut atteinte d'une obstrusion de foie auprès de laquelle tous les remèdes dont on essaya pendant 22 ans furent inutiles. Et comme cette maladie amenait avec elle d'autres maux, l'infortunée touchait aux portes de la mort. Pendant qu'elle était dans cet état, une sœur converse entra dans sa chambre, lui présenta une image du Bienheureux et l'exhorta à avoir confiance en lui. La malade l'ayant bientôt reconnu, lui adressa cette prière : *Vénérable Serviteur de Dieu, en récompense du pain que je vous ai donné, obtenez-moi une de ces trois grâces : ou la santé, ou la mort, ou la patience.* Après quoi, elle s'endormit paisiblement. A son réveil, elle se trouva parfaitement guérie, de sorte que le médecin, quand il la visita, déclara que *par mille serments il pouvait attester la vérité du miracle.* Cette guérison fut si constante que la religieuse se conserva saine et robuste jusqu'à l'âge de 87 ans.

Terminons cet abrégé en admirant combien Dieu se complaisait en la grande âme de notre Bienheureux Benoît-Joseph, et combien fidèlement ce Serviteur correspondait aux desseins admirables du Très-Haut. Tâchons de l'imiter dans l'exercice de ses vertus héroïques : et que chacun le fasse de la manière qui convient à l'état de vie où la divine Providence l'a placé. Soyons persuadés que le détachement des misérables biens de la terre, sinon par le fait, du moins par l'affection, que l'esprit de prière, de mortification, de pénitence, l'amour de Dieu et du prochain, les pratiques de piété et de religion, sont des vertus propres à tous les chrétiens. Soyons remplis de confiance et de dévotion en rendant nos hommages et nos prières à ce nouveau Héros du Christianisme qui, ayant été sur la terre pauvre, méprisé et obscur par amour pour Jésus crucifié, est maintenant infiniment riche, glorieux et immortel dans le ciel ! Prions-le de graver dans notre mémoire ces maximes salutaires et évangéliques à la méditation desquelles il résolut d'embrasser une vie toute pénitente, savoir les tourments des damnés et le petit nombre des élus admis dans la gloire éternelle. Prions-le aussi de nous obtenir de Dieu la fuite du péché, qui est la source de tous les maux dans le temps et dans l'éternité; la grâce de persévérer dans la vertu malgré les adversités, les privations et les amertumes dont on est entouré, afin que nous aussi, après le court pèlerinage de ce malheureux exil, nous puissions arriver heureusement à la céleste patrie.

Maxime du B. Benoît-Joseph Labre. — Dans ce monde nous sommes tous des pèlerins dans la vallée de larmes. Suivons toujours le droit et sûr chemin de la Religion dans la foi, l'espérance et la charité; dans l'humilité, l'oraison, la patience et la mortification chrétienne, pour gagner la patrie bienheureuse.

RÉCIT DES FÊTES DE ROME.

La portion de la basilique avoisinant la Chaire de saint Pierre, dit une correspondance, avait été décorée avec une richesse et une splendeur vraiment extraordinaires. Je n'entreprendrai point de vous dépeindre toutes ces beautés que l'œil étonné contemplait avec un mélange de bonheur et de surprise; il me suffira de vous dire que l'illumination comprenait plus de quatre mille cierges, que les tableaux représentant le Bienheureux et ses divers miracles avaient été exécutés sur les dessins de François Gagliardi, le premier peintre de notre époque, et que l'ordonnancement général de la fête avait été dirigé par le célèbre architecte Vespignani. C'est le père Antoine Angelini, dont le talent est connu de tous, qui avait composé toutes les inscriptions.

Une foule immense se pressait dans la basilique, afin de prendre part à la solennité et d'honorer le bienheureux Joseph Labre, dont la mémoire est en grande vénération chez le peuple romain. Dans les tribunes d'honneur, on remarquait les secrétaires et les divers attachés de l'ambassade de France; le général comte de Goyon, le général de Noüe, les officiers d'état-major et un grand nombre d'autres officiers de la garnison française; une nombreuse députation du diocèse d'Arras et tous les ecclésiastiques de distinction qui se trouvent à Rome.

Enfin, les regards se portaient avec une respectueuse curiosité sur le vénérable curé d'Amettes qui, malgré ses 75 ans, avait voulu assister à la béatification du Saint, né dans sa paroisse; et sur trois proches parents du bienheureux Joseph Labre, le frère Fortuné, des Frères de la doctrine chrétienne, M. l'abbé Flagolet, diacre et la sœur Philomène, sœur de la Charité, fondatrice d'une maison de son Ordre dans la ville de Smyrne.

L'office du matin a commencé vers dix heures. Un prélude sur l'orgue a donné le signal de la cérémonie et annoncé l'arrivée des Cardinaux composant la sacrée Congrégation des Rites, des consulteurs de la Congrégation, à la tête desquels on remarquait le vénérable ancien Évêque de Luçon, du chapitre de Saint-Pierre, et d'un fort nombreux clergé. Mgr Parisis, évêque d'Arras, prit place parmi les Évêques du chapitre de Saint-Pierre.

Lorsque les Cardinaux furent assis sur leurs siéges d'honneur, le postulateur de la cause, le révérend père Virili, missionnaire de la Congrégation du Précieux Sang, accompagné de Mgr Annibal Capalti, secrétaire de la Congrégation des Rites, de Mgr de la Tour d'Auvergne, auditeur de Rote, et de Mgr Haffreingue, pronotaire apostolique, se présenta devant le Cardinal-vicaire préfet de la sacrée Congrégation, afin de lui demander l'autorisation de publier et de lire le décret de la béatification du vénérable Joseph Labre.

La lecture du décret terminée, le tableau représentant le bienheureux dans la gloire a été découvert, ses reliques ont été exposées sur l'autel: le *Te Deum* a été entonné, le château Saint-Ange a fait entendre des salves d'artillerie et l'immense multitude remplissant le temple, a fléchi le genou afin d'honorer, de glorifier et de prier le nouveau Saint.

Le soir, la basilique présentait de nouveau l'aspect féerique de l'illumination du matin. La population, accourue de tous les points de la ville, malgré le mauvais temps, remplissait les trois immenses nefs de la basilique, à tel point que toute circulation était devenue impossible. On assure que de mémoire d'homme on n'avait vu un aussi nombreux concours. Le Saint-Père est alors descendu du palais du Vatican accompagné de tous les Cardinaux et suivi des prélats de sa cour et des officiers de

sa maison il est venu s'agenouiller, au milieu du pres-
bytère, en face du tableau du saint.

Le postulateur s'est alors avancé aux pieds du Souve-
rain-Pontife avec Mgr l'Evêque d'Arras, le curé d'Amettes,
M. l'abbé Flageolet et le frère Fortuné et a offert à Sa
Sainteté un magnifique reliquaire, contenant des osse-
ments du Saint, des gravures et un magnifique bouquet.
Sa Sainteté, après avoir longtemps prié avec ferveur et
avoir baisé, avec un tendre respect, la relique du Saint
s'est levée pour se retirer.

Mgr Parisis s'est alors avancé de nouveau, et, se jetant
aux pieds de Sa Sainteté, il remercia, dans un discours
latin, le Pape d'avoir bien voulu accueillir les vœux et
les prières de son diocèse et admettre aux honneurs des
autels le bienheureux Benoît-Joseph Labre. Le Saint-
Père répondit par quelques paroles en latin, exaltant
l'humilité et les vertus du Saint et assurant que la France
et le diocèse d'Arras en particulier, auront un puissant
protecteur de plus dans le ciel. Après avoir admis au
baisement des pieds Mgr d'Arras, le postulateur, Mgr de
la Tour d'Auvergne et béni l'assemblée, le Souverain-
Pontife est sorti de la basilique, traversant la foule pieu-
sement agenouillée sur son passage.

Enfin la fête s'est terminée par les vêpres solennelles du
Saint, chantées par le chapitre de Saint-Pierre.

PRIÈRE TRÈS-SALUTAIRE

*pour obtenir toutes les grâces célestes dans les nécessités, les fléaux et
les tribulations de toute nature, recommandée avec un merveilleux effet*

PAR LE B. BENOIT-JOSEPH LABRE.

Jesus Christus Rex gloriæ venit in pace. — Deus Homo factus est. — Verbum caro factum est. — Christus de Maria Virgine natus est. — Christus per medium illorum ibat in pace. — Christus crucifixus est. — Christus mortuus est. — Christus sepultus est. — Christus resurrexit. — Christus ascendit in cœlum, — Christus vincit. — Christus regnat. — Christus imperat. — Christus ab omni malo nos defendat, — Jesus nobiscum est. — *Pater, Ave, Gloria.*

Jésus-Christ Roi de gloire est venu en paix. — Dieu s'est fait homme. — Le Verbe s'est fait chair. — Jésus-Christ est né de la Vierge Marie. — Jésus-Christ allait en paix au milieu d'eux. — Jésus-Christ a été crucifié. — Jésus-Christ est mort. — Jésus-Christ a été enseveli. — Jésus-Christ est ressuscité. — Jésus-Christ est monté au ciel. — Jésus-Christ est victorieux — Jésus-Christ règne. — Jésus-Christ gouverne — Que Jésus-Christ nous délivre de tous les maux. — Jésus est avec nous. — *Pater. Ave, Gloria.*

Père Eternel, par le Sang de Jésus ayez pitié de nous. Marquez-nous avec le sang de l'Agneau immaculé Jésus-Christ, comme vous avez marqué votre peuple d'Israël pour le délivrer de la mort ; et Vous, Marie, Mère de miséricorde, priez et apaisez Dieu pour nous, et obtenez-nous la grâce que nous demandons humblement. *Gloria Patri, etc.*

Père Eternel, par le Sang de Jésus ayez pitié de nous. Délivrez-nous du naufrage de ce monde, comme vous avez délivré Noé du déluge universel ; et Vous, Marie, Arche de salut, priez et apaisez Dieu pour nous, et obtenez-nous la grâce que nous demandons humblement. *Gloria Patri etc.*

Père Eternel, par le Sang de Jésus ayez pitié de nous. Délivrez-nous des fléaux mérités par nos crimes, comme vous avez délivré Loth de dincendie de Sodome, et Vous, Marie, notre Avocate, priez et apaisez Dieu pour nous, et obtenez-nous la grace que nous demandons humblement. *Gloria Patri, etc.*

Père Eternel, par le Sang de Jésus ayez pitié de nous. Consolez-nous dans les besoins et les tribulations présentes, comme vous avez consolé Job, Anne et Tobie dans leurs afflictions ; et Vous, Marie, consolatrice des affligés, priez et apaisez Dieu pour nous, et obtenez-nous la grâce que nous demandons humblement. *Gloria Patri, etc.*

Père Eternel, par le Sang de Jésus ayez pitié de nous. Vous ne voulez pas la mort du pécheur, mais qu'il se convertisse et qu'il vive : par votre miséricorde donnez-nous du temps pour faire pénitence, afin que corrigés et nous repentant de nos péchés, source de tous les maux, nous vivions dans la foi, dans l'espérance, dans la charité et dans la paix de Notre Seigneur Jésus-Christ ; et Vous, Marie, Refuge des pécheurs, priez et apaisez Dieu pour nous, et obtenez-nous la grâce que nous demandons humblement. *Gloria Patri, etc.*

O Sang précieux de Jésus notre amour, criez à votre Père : Miséricorde, pardon, grâce et paix, pour nous, pour.., et pour tout le monde. *Gloria Patri, etc.*

O Marie, notre Mère et notre Espérance, priez pour nous, pour... et pour tout le monde. *Gloria Patri, etc.*

Le très-saint Père Pie IX accorde 100 jours d'Indulgence chaque fois qu'on récite cette prière.

Librairie Catholique et Liturgique

ROUSSEAU-LEROY

Arras, rue Saint-Maurice, 26.

VIE

DU BIENHEUREUX

BENOIT-JOSEPH LABRE

PAR

M. L'ABBÉ ROBITAILLE,

Chanoine de l'Église d'Arras,

*Augmentée d'une Neuvaine de Méditations
et de Prières au Bienheureux,*

et ornée d'une magnifique Lithographie.

Prix : 20 centimes.

La même, sans la neuvaine. — **15** centimes.

Arras. — Typ. Rousseau-Leroy, rue Saint-Maurice, 26.